VENTE A PARIS

Lundi 23 Avril 1923

Hôtel Drouot, Salle n° 7

MONNAIES ANTIQUES

Monnaies Papales

MONNAIES ITALIENNES, SUISSES & DES PAYS-BAS

JETONS

COMMISSAIRE-PRISEUR:
Me Maurice CARPENTIER
Succr de Me BOUDIN
14, rue de la Grange-Batelière

EXPERT :
M. Étienne BOURGEY
7, rue Drouot, 7

PARIS

MONNAIES ANTIQUES

Monnaies Papales

MONNAIES ITALIENNES, SUISSES & DES PAYS-BAS

JETONS

VENTE AUX ENCHÈRES PUBLIQUES

A PARIS, HOTEL DES COMMISSAIRES-PRISEURS, RUE DROUOT, 9

SALLE N° 7

Le Lundi 23 Avril 1923

A DEUX HEURES PRÉCISES

COMMISSAIRE-PRISEUR :
Me MAURICE CARPENTIER
Successeur de Me BOUDIN
14, Rue de la Grange-Batelière

EXPERT :
M. ETIENNE BOURGEY
7, Rue Drouot, 7

Exposition particulière :

Du 16 au 21 Avril 1923, chez M. Etienne Bourgey, expert 7, rue Drouot (Téléphone : Central 74-64).

La vente aura lieu au comptant.

Les acquéreurs paieront 17,50 pour cent en sus des enchères.

L'authenticité des pièces est garantie.

M. Etienne Bourgey, 7, rue Drouot, se charge d'exécuter les commissions qui lui seront confiées.

L'ordre du catalogue sera suivi. L'expert se réserve le droit de diviser ou réunir les lots.

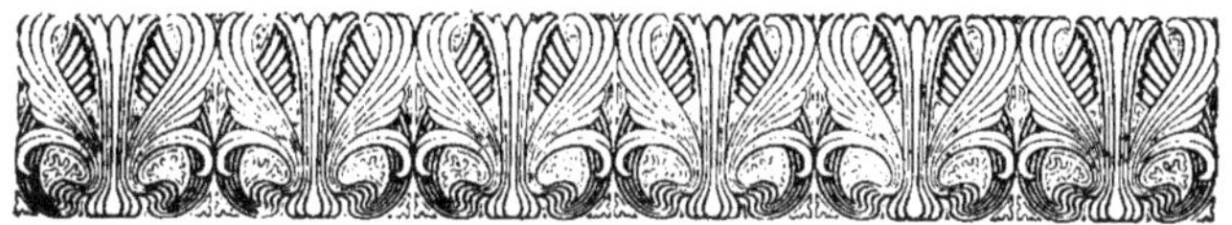

MONNAIES GRECQUES

1 **Campanie.** *Néapolis.* Tête de Parthénope à dr. ℞. Taureau androcéphale à dr. couronné par Nické. Didr. Arg. Fourré. Beau style. *Pl. I.*

2 **Calabre.** *Tarente.* Taras sur le dauphin à g. ℞. Les Dioscures galopant à g. Didr. Arg. Très belle pièce. *Pl. I.*

3 **Sicile.** *Géla.* Protome de taureau androcéphale à dr. Didr. Arg. B. *Pl. I.*

4 *Syracuse.* Tête de Niké à dr. ℞. Quadrige. Tétr. Arg. TB. *Pl. I.*

Thrace. *Thasos.* Silenos nu, à dr., un genou en terre, tenant une nymphe dans ses bras. ℞. Carré incus. Statère. Arg. TB. *Pl. I.*

6 **Macédoine.** *Alexandre le Grand.* Tête de Pallas à dr. le casque orné d'un serpent. ℞. Niké marchant à g. Statère. Or. Très beau. *Pl. I.*

7 Même type ; le casque est orné d'un *griffon.* Statère. Or. TB. Rare. *Pl. I.*

8 Tête de Heraclès à dr. ℞. Zeus assis à g. Tétr. Arg. TB.

9 *Domination Romaine.* Buste d'Artémis à dr. Sur un bouclier. ℞. **ΜΑΚΕΔΟΝΩΝ ΠΡΩΤΗΣ**. Massue dans une couronne. Tétr. Arg. TB.

10 **Attique.** *Athènes.* Tête d'Athena à dr. de style archaïque. ℞. Chouette. Tétr. Arg. TB. *Pl. I.*

11 **Péloponèse.** *Corinthe.* Tête de Pallas casquée à g. ℞. Pégase à g. Didr. Arg. TB.

12 **Ionie.** *Phocée.* Tête de femme à g. ℞. Carré incus. Hecté. Electrum. TB. *Pl. I.*

13 **Carie.** *Rhodes.* Tête d'Helios de face. ℞. Fleur de balaustium. Drachme. Arg. B.

14 **Zeugitane.** *Carthage.* Tête de Demeter à g. ℟. Cheval à dr. Statère. Arg. B.
15 Même tête. ℟. Cheval et palmier — ℟. Buste de cheval. — ℟. Taureau. Br. 6 p. B. et TB.
16 **Lot.** Tétradrachmes. Arg. 7 p. B.
17 Monnaies diverses en argent 10 p. B.

MONNAIES ROMAINES

18 **Les douze Césars.** *I. Jules César.* Tête voilée à dr. ℟. A. HIRTIVS PR. Bâton d'augure, vase et hache. Cohen 3. Or. TB. *Pl. I.*
19 — *II. Auguste.* Tête à dr. ℟. Caïus et Lucius. C. 42. Or. TB. *Pl. I.*
20 — *III. Tibère.* Tête à dr. ℟. Livie assise à dr. C. 15. Or. TB. *Pl. I.*
21 — *IV. Caligula* (et Auguste). Tête de Caligula à dr. ℟. Tête radiée d'Auguste à dr. C. 1. Or. TB. Rare. *Pl. I.*
22 — *V. Claude.* Tête à dr. ℟. Némésis. C. 57. Or. B. *Pl. I.*
23 — *VI. Néron.* Tête à dr. ℟. La Concorde. C. 66. Or. TB. *Pl. I.*
24 — *VII. Galba.* Tête à dr. ℟. SPQR OB CS. C. 286. Or. B. *Pl. I.*
25 — *VIII. Othon.* Tête à dr. ℟. La Sécurité. C. 14. Or. B. Rare. *Pl. I.*
26 — *IX. Vitellius.* Tête à dr. ℟. Mars. C. 27. Or. B. Rare. *Pl. I.*
27 — *X. Vespasien.* Tête à dr. ℟. COS ITER TR POT. La Paix assise à g. tenant un caducée et un rameau d'olivier. Manque à Cohen. Or. B. Rare. *Pl. I.*
28 — *XI. Titus.* Tete à dr. ℟. La Paix. C. 134. Or. TB. *Pl. I.*
29 — *XII. Domitien.* Tête à dr. ℟. Buste de Minerve casquée à g. C. 609. Or. TB. *Pl. I.*
30 **Marc Antoine et Octave.** Tête d'Antoine à dr. ℟. Tête d'Octave à dr. C. 8. Arg. TB.
31 **Auguste.** Tête à dr. ℟. Taureau. C. 137. Arg. TB.
32 **Domitien.** Rhinocéros à g. C. 674. PB. Très beau.
33 **Trajan.** Trajan recevant un globe des mains de Nerva. C. 319. Arg. TB. Rare.
34 **Adrien.** AFRICA. L'Afrique assise à g. C. 138. Arg. TB.

35 FELICITATI AVGVSTI. Galère. C. 712. Arg. TB.
36 **Sabine**. Junon deb. à g. C. 39. MB. Très beau. Patine vert brun *Pl. I.*
37 **Antonin**. L'Abondance (283), mains jointes (344), la Libéralité (939). Arg. 3 p. TB.
38 **Faustine mère**. Cérès deb. à g. C. 139. GB. TB. Patine vert foncé. *Pl. I.*
39 **Antonin et Marc Aurèle**. Buste de Marc-Aurèle. R. Tête d'Antonin. C. 15. Arg. TB.
40 **Annius Vérus**. Buste à dr. ℟. SC. PB. Cohen 8e vol. p. 270, n° 31. Très beau. Patine vert foncé. *Pl. I.*
41 **Lucille**. Vénus assise à g. C. 81. GB. TB. Patine vert brun. *Pl. I.*
42 **Commode**. Victoire à g. C. 734. Arg. TB.
43 **Septime Sévère**. ADVENT AVG. Sévère à cheval à g. précédé d'un soldat. C. 1. Arg. FDC.
44 **Julia Domna**. Buste à dr. ℟. VENERI VICTR. Vénus à demi nue deb. vue de dos. C. 193. Or. TB. Rare. *Pl. I.*
45 **Caracalla**. Eléphant marchant à dr. C. 209. GB. TB. *Pl. I.*
46 **Plautille**. Plautille donnant la main à Géta. C. 10. Arg. TB.
47 **Géta**. Sévère, Caracalla et Géta galopant à dr. C. 165. MB. TB. Patine vert foncé. *Pl. I.*
48 **Elagabale**. Libéralité (80), Elagabale sacrifiant (246), Victoire (291). Arg. 3 p. TB.
49 **Maximin**. La Fidélité (7), la Paix (31), la Providence (75). Arg. 3 p. TB.
50 **Etruscille**. La Fécondité deb. à g. tenant une corne d'abondance et tendant la main à un enfant. C. 10. MB. TB. Patine vert foncé. *Pl. I.*
51 **Sévérine et Aurélien**. Buste de Sévérine à dr. sur le croissant. ℟. Buste radié d'Aurélien à dr. C. 1. MB. Très beau. Rare. Patine verte et brune. *Pl. I.*
52 **Dioclétien**. L'Empereur deb. à dr. C. 46. Or. TB. *Pl. I.*
53 **Lots**. *Trébonien, Volusien, Gallien, Salonin, Postume*. Bill. 6 p. TB.
54 *Aurélien, Sévérine, Tacite, Florien, Probus, Carus*. Bill. 6 p. TB.
55 *Maximien Hercule, Théodora, Maxence, Licinius père, Constantin I, Valentinien*. PB. 7 p. TB.
56 Lot de deniers romains en argent.
57 Lot de bronzes romains.

MONNAIES DES PAPES

58 **Sénat romain.** ROMA CAPVT MVNDI. Rome assise. ℟. SENATVS PQR. Lion. Arg. TB. *Pl. II.*

59 — Variété. Sous le lion, armoiries. Arg. B.

60 — Même type. ℟. BRANCALEONE. Lion. Arg. TB. *Pl. II.*

61 Obole au type de Provins. **Urbain V.** Demi-gros. C. 10 et 12. Arg. 3 p. B.

62 **Grégoire XI.** *Avignon.* Le Pape assis de face. ℟. Clefs Poey d'A. 4183. Carlin. Arg. TB. *Pl. II.*

63 *Anonymes.* Bologne. BONONI. Au centre A. C. 5. Gros. Arg. TB.

64 **Clément VII** (Robert de Genève, antipape). *Avignon* + (clefs) SANCTVS CLEMENS PP (clefs). Le Saint de face à mi-corps. ℟. CLEMENS PP SEPTIVS. Tiare sur les clefs. Dessous A. Ducat. Or. Très jolie pièce, du plus grand intérêt, inédite et vraisemblablement unique. *Pl. II.*

65 **Martin V.** *Avignon* (C. 15. PA. 4240). Carlin. Arg. TB. *Pl. II.*

66 **Paul II.** Ecu de Barbo. ℟. ACCIPE CLA. RE. CELOR. St-Pierre remettant les clefs au Pape agenouillé. (C. 6). Ducat. Or. TB. Très rare. *Pl. II.*

67 — ℟. S. PETRVS. S. PAVLVS ROMA. Les Saints deb. (C. 12). Ducat. Or. TB. *Pl. II.*

68 **Sixte IV, Innocent VIII,** quattrino. Bill. **Alexandre VI,** Jules. Arg. — Ens. 3 p. TB.

69 **Jules II** (Jules della Rovere). Buste du Pontife à dr. ℟. NAVIS AETERNAE SALVTIS. St Pierre et St-Paul dans la barque. C. I. Double Ducat. Or. Très belle pièce, très rare. *Pl. II.*

70 St-Pierre et St-Paul deb. C. 11. Jules. Arg. B.

71 **Léon X.** Ecu de Médicis ℟. La barque. C. 5, 6. Or. TB. *Pl. II.*

72 **Adrien VI.** Ses armes. ℟. SANCTVS PETRVS ALMA ROMA. St-Pierre dans la barque. (Var. de C. 1 et de S. 1). Double ducat. Or. Magnifique pièce, très rare. *Pl. II.*

73 **Clément VII.** Ecu de Médicis. ℟. Croix. Gros. Arg. B.

74 **Paul III.** Ecu de Farnèse. ℟. St-Paul deb. (C. 7; S. 15). Ecu. Or. TB. *Pl. II.*

75 *Plaisance.* Même écu. ℟. Croix cant. de P L A C. Ecu. Or. TB. *Pl. II.*

76 *Bologne.* Buste à dr. ℟. Lion. Double Jules. Arg. B.

77 **Paul IV**. *Ancône*. Ecu de Carafa. ℟. St-Pierre assis de face (C. 11. S. 183). Teston. Arg. TB.

78 — Même type, pour *Rome*. C. 5. Teston. Arg. B.

79 **Siège vacant**, 1559. Armes du cardinal Sforza. ℟. St-Pierre assis de face. (C. 1; S. 1). Teston. Arg. TB. *Pl. II.*

80 **Pie IV**. Ecu de Médicis. ℟. St-Pierre. C. 22 Jules. Arg. TB.

81 **Pie V**. Armes de Ghislieri. ℟. Le Pape à genoux. Teston. Arg. B.

82 **Grégoire XIII**. *Ancône*. Buste à dr. ℟. Ecu de Boncompagni. C. 146. Teston. Arg. B. *Pl. II.*

83 **Grégoire XIV**. *Bologne*. Ecu de Sfondiati. ℟. Croix; au bas écu du cardinal P. Spondiati et écu de la ville. (C. 2; S. 13). Double écu d'or. Magnifique exemplaire de cette pièce très rare. *Pl. II.*

84 **Grégoire XV**. Ecu. ℟. La Vierge. Teston. Arg. TB.

85 **Urbain XIII**. Buste à dr. 1643. ℟. La Vierge. Scudo. Arg. B.

86 *Avignon*. Ecu du Pape. ℟. Ecu de F. Barberini. Jules. Arg. TB.

87 **Alexandre VII**. Ecu de Chigi. ℟. Balance. Teston. Arg. TB.

88 **Siège vacant**, 1669. Ecu de Barberini. Scudo. Arg. TB.

89 **Clément X**. Armes d'Altieri. ℟. Pèlerins devant le portique de St-Pierre, 1675. Scudo. Arg. Très beau.

90 — ℟. La Porte sainte, 1675. Scudo. Arg. TB.

91 **Siège vacant**, 1676. Ecu du card. Altieri. Scudo. Arg. TB.

92 **Innocent XI**. Buste à dr. ℟. St-Mathieu. Scudo. Arg. TB.

93 — ℟. La Basilique de St-Pierre. Scudo. Arg. TB.

94 — ℟. DEXTERA TVA DOMINE PERCVSSIT INIMICVM 1684. Scudo. Arg. TB.

95 Ecu. ℟. La Vierge. Teston. Arg. Très beau.

96 — ℟. MELIVS EST DARE QVAM ACCIPERE. Teston. Arg. TB.

97 **Siège vacant**, 1689. Ecu du card. Altieri. Teston. Arg. TB.

98 **Alexandre VIII**. Buste à dr. ℟. St-Magne et St-Bruno. Teston. Arg. TB.

99 — ℟. RE. FRVMENTARIA RESTITVTA. Bœufs à la charrue. Teston. Arg. FDC.

100 Ecu. ℟. St-Bruno. Teston. Arg. TB.

101 Buste à dr. ℟. L'Eglise deb. 1690. Scudo. Arg. B.

102 **Siège vacant**, 1691. Armes du cardinal Altieri. Teston. Arg. FDC.

103 **Innocent XII**. Buste à dr. ℟. La Charité assise près d'un autel portant l'écu de Mgr Farsetti et la date 1693. Scudo. Arg. Très beau.

104 LOQVETVR PACEM GENTES. Le Consistoire, 1696. Scudo. Arg. TB.

105 NON PRODERVNT IN DIE VLTIONIS. Scudo. Arg. TB.

106 St Pierre prêchant la foule, 1698. Scudo Arg. TB.

107 Hébreux recueillant la manne, 1699. Scudo. Arg. TB.
108 COGITO COGITATIONES PACIS, 1694. La Religion assise auprès d'un autel portant l'écu de Mgr Farsetti. Scudo. Arg. Très beau.
109 Buste nu. ℟. L'Arche de Noë. Demi scudo. Arg. TB.
110 Buste avec la calotte. ℟. OPVS IVSTITIAE PAX, 1692. La Paix. Demi scudo. Arg. TB.
111 Ecu. ℟. Le Sauveur, 1698. Teston. Arg. TB.
112 Gros, C. 114; demi-gros, C. 150. Gros d'*Avignon*. C. 131. Arg. 3 p. B et TB.
113 **Siège vacant**, 1700. Ecu de Spinola. Scudo. Arg. TB. Troué.
114 **Clément XI**. Buste à g. DONA NOBIS PACEM. St Clément à genoux à g. 1707. Scudo. Arg. B.
115 Ses armes. ℟. Ange gardien et enfant. Demi-scudo. Arg. TB.
116 St Pierre deb. à g. Teston. Arg. TB.
117 Table chargée de sacs de monnaies, 1702. Teston. Arg. B.
118 Buste à g. ℟. Sur la place du Campidoglio, trois femmes personnifiant les Arts. Teston. Arg. TB.
119 Ecu. ℟. NON CONCVPISCES ARGENTVM. Jules. Arg. TB.
120 **Innocent XIII**. Ses armes. ℟. La Moisson. Demi-scudo. Arg. TB.
121 **Clément XII**. Ses armes. ℟. FRVSTRA VIGILAT QVI CVSTODIT. Demi-scudo. Arg. TB.
122 Buste à dr. ℟. Eglise St Jean, 1736. Demi-scudo. Arg. TB.
123 COMMODITAS VIARVM REDVX. Femme assise à g. tenant une roue. Teston. Arg. TB.
124 — Autre. Ecu de Corsini. ℟. Semblable. Teston. Arg. FDC.
125 **Benoit XIV**. Ses armes. ℟. L'Eglise. 1750. Ducat. Or. TB.
126 Son buste à dr. ℟. Même type. 1753. Scudo. Arg. B.
127 **Siège vacant**, 1758. Ecu du card. Colonna. Scudo. Arg. TB.
128 — Demi scudo. Même type. Arg. B. Trou réparé.
129 **Clément XIII**, 1763. Teston. Arg. **Clément XIV**. Deux baiocchi. Br. — Ens. 2 p. B.
130 **Siège vacant**, 1774. Ecu du card. Rezzonico. Demi scudo. Arg. TB.
131 **Pie VI**. *Bologne*. Ecu de Breschi. ℟. S. PETRON. BON. PROT. AN. 1786. St Pétrone assis sur des nues. A ses pieds, les écus de la ville et du cardinal Archetti. A l'ex. ZECCH. 10. Or. 10 sequins. Très belle pièce.
132 Ecus accolés du cardinal Archetti et de Bologne. 1787. Or. 4 doppie. TB.
133 Armes du St Pontife. ℟. St Pétrone. 1786. Doppia. Or. TB.
134 *Rome*. St Pierre, 1784. Demi doppia. Or. TB.

135 Scudo, 1780; demi, 1777; teston. 1796. Arg. 3 p. TB.

136 **Pie VII.** Scudo, 1818; demi, 1816. Arg. 1 et 1/2 baioccho. Quattrino. Br. — Ens. 5 p. TB.

137 **Siège vacant,** 1823. Ecu du cardinal Pacca. Demi scudo. Arg. FDC.

138 **Léon XII.** *Bologne.* Armes de Genza. ℟. St Pierre assis sur des nues. Doppia. Or. Très belle.

139 Buste à g. ℟. La Foi. 1828. Double sequin. Or. TB.

140 Même buste. ℟. L'Eglise. 1825. Scudo. Arg. TB.

141 **Siège vacant,** 1829. Ecu du card. Galleffi. Demi scudo. Arg. B.

142 **Pie VIII.** 30 baiocci. 1830. Arg. Baiocco. Br. — 2 p. TB.

143 **Siège vacant,** 1830. Ecu du cardinal Galleffi. Doppia. Or. TB. *Pl. II.*

144 — Même type. Scudo. Arg. FDC.

145 **Grégoire XVI.** Buste à g. 10 scudi. 1835. Or. Très beau.

146 Même type. 5 scudi, 1835. Or. TB.

147 Buste à g. ℟. St Pierre. 1834. Doppia. Or. TB.

148 Scudo, 1834; 50 baj. 1832; 20 bai. 1834. Arg. Baioccho, 1845; Demi, 1831, 1842, 1843. Quattrino, 1843. Br. — Ens. 8 p. TB.

149 **Siège vacant,** 1846. Ecu du card. Sforza. 5 scudi. Or. Très beau. *Pl. II.*

150 Même type. Scudo. Arg. Très beau.

151 **République romaine.** 3, 1, 1/2 baiocchi. 1849. Br. 3 p. B et TB.

152 **Pie IX.** Buste à g. 5 scudi, 1854. Or. Très beau.

153 Même type. 2 scudi 50. 1855. Or. FDC.

154 Même type. 1 scudo. 1853. Or. FDC.

155 Même buste varié. 10 lire. 1867. Or. TB.

156 Scudo, 1853; 2 lire, 1867; 20 baioc. 1859; lire, 1866, 1868; 10 soldi, 1867. Arg. 6 p. TB.

157 5, 2, 1, 1/2 baiocchi. 4, 2, 1, 1/2 soldi. Br. 14 p. TB.

158 **Lot** de monnaies papales variées. Arg. et Br. 44 p.

MONNAIES ITALIENNES[1]

159 **Savoie.** *Amédée VI.* Denier (III. 2). Bill. TB.
160 *Amédée VIII.* Nyon. Obole (IV. 11). Bill. TB.
161 Quart à l'écu en losage (V. 1). Bill. TB.
162 *Louis I.* Nyon. Double blanc (V. 14). Bill. TB.
163 *Emmanuel Philibert.* EM. FILIB. D. G. DVX. SAB. P. P. Ecu couronné. ℟. (soleil) IN. TE. DOMINE. CONFIDO. 1567. B. Croix cantonnée de F E R T. Or. TB.
164 4 gros (55). Bill. B.
165 *Charles I.* Teston de Cornavin (55). Arg. Très beau. *Pl. II.*
166 Parpaillole de Cornavin (72). Bill. B.
167 *Charles II.* Parpaillole (267). Bill. B.
168 *Charles Emmanuel.* 6 soldi, 1628 (XX. 3). Soldo (XVII. 15). Bill. 2 p. B.
169 *Victor Amédée.* Soldo, 1651 (XX. 16). Bill. TB.
170 **Ancône.** St Quiriacus deb. Gros. Arg. TB.
171 **Casale.** *Guillaume Gonzague.* Blanc, 1570 (16). Bill. TB.
172 **Gênes.** *Gabriel Adorno.* Genovino d'or. Très beau.
173 *Galéas Marie Sforza.* Gros (40). Arg. B.
174 (J. B. D. Novarius). Quart d'écu. 1618. Arg. TB.
175 Huitième d'écu, 1625. Arg. TB.
176 **Lucques.** Tête de St Vultus. Gros. Arg. TB.
177 **Mantoue.** *Guillaume Gonzague.* Ecu couronné. ℟. Croix tressée cantonnée de deux V et de deux G. (16). Scudo d'or. TB.
178 **Milan.** *Galéas II Visconti.* Gros. *Philippe Marie Visconti.* Gros. 2 p. Arg. TB.
179 *Jean Galéas Marie Sforza* et *Louis Marie Sforza* (Gnecchi XVI. 4). Tête de St Ambroise. 5 sols. Arg. TB.
180 *Philippe II d'Espagne.* Buste radié. 1578. Doppia. Or. TB.
181 **Modène.** Aigle éployé de face. ℟. MVTINAE SOLD 103. Or. TB.
182 **Sicile.** *Jacques d'Aragon.* (Heiss. 116. 2). Arg. TB.
183 *Alphonse V.* Carlin (Heiss. 118. 6). Arg. TB.
184 *Philippe II.* Ecu en losange d'Aragon Sicile (VQR. 7559). 5 tari. Arg. B.
185 Buste à dr. ℟. Semblable. (VQR. 7564 var). 2 tari. Arg. B.

---

(1) Les numéros entre parenthèses se rapportent au *corpus nummorum italicorum*

186 *Philippe III.* Aigle de face. (VQR. 8264). 2 tari. Arg. TB.
187 *Philippe IV.* Buste à g. ℞. Croix fleuronnée (Heiss. 135. 11). Arg. B.
188 **Pise**. La Vierge. ℞. F. Gros. Arg. Très beau.
189 La Vierge assise. ℞. Aigle. Gros. Arg. TB.

MONNAIES SUISSES

190 **Appenzell**. Suisse deb. ℞. Ecu. 1812. 4 franken. Arg. FDC.
191 Batz, 1/2 batz, kreuzer et 1/2 kr. Bill. 5 p. B. et TB.
192 **Argovie**. Suisse assis. 1809. 20 batz. Arg. TB.
193 Ecu. 10 batzen, 1808. Arg. TB.
194 5, 1, 1/2 batz, 5, 2 1/2, 2. 1 rappen. Bill. 13 p. TB. et FDC.
195 **Bâle**. La Vierge. Florin au nom de Sigismond. Or. TB.
196 Vue de la Ville. Ecu sans date. Arg. TB.
197 Vue de la Ville. Demi écu sans date. Arg. Très beau.
198 — Demi écu de 1741. Arg. TB.
199 2, 1 assis, 5, 3, 1, 1/2 batz. 5, 2, 1 rappen. Bill. 22 p. TB.
200 *Evêché*. Jean Conrad ; batz et schilling. B. et TB. Joseph de Roggenbach ; 24, 12 kreuzer, 1/2 batz. TB. Bill. 6 p.
201 **Berne**. Ecu. ℞. DEUS PROVIDEBIT 1796. Doublon. Or. TB.
202 Ecu Louis XVI contremarqué 40 BZ. Arg. TB.
203 Suisse debout. 1798. Ecu. Arg. FDC.
204 1/2 écu. Arg. — Plеppart. 20, 10, 1, 1/2 kreuzer. 2 1/2, 1 batz. Bill. Ens. 15 p.
205 Division. diverses. Arg. et Bill. 43 p. En général TB.
206 **Coire**. *Evêché*. Dicken de Jean d'Aspremont. Arg. AB. Rare.
207 Pfening, blutzer, 2 kreuzer d'évêques de Coire. Bill. 9 p. TB.
208 *La Ville*. Groschen, pfening, blutzer. Bill. 8 p. TB.
209 **Fribourg**. Ecu. ℞. Suisse deb. 1813. Ecu. Arg. TB.
210 1812. 10 batzen. Arg. TB.
211 Monnaies diverses de la ville et du canton, Bill. 50 p. En général TB.
212 **Genève**. 20 francs, 1848. Or. TB.
213 République de Genève. An V. Ecu de 12 florins 9 sols. Arg. TB.
214 5 francs de 1848. Arg. Très belle.
215 12, 6, 1 sols pour les soldats de Genève 1550. Cuivre. 3 p. TB.
Monnaie de nécessité fr. pendant la guerre avec la Savoie.
216 *La Ville*. 3, 1 sols ; deniers ; parpaillole quart. Bill. 9 p. B. et TB.

217 République et canton de Genève. 45 p. diverses. Bill. et cuivre. B. et TB.

218 **Glaris**. 3, 1 schilling. Bill. 5 p. TB.

219 **Grisons**. 10 batzen, 1825. 5 batzen, 1820. 2 p. Arg. TB.

220 1, 1/2, 1/6 batz. Bill. 8 p. TB.

221 **Haldenstein**. *Gubert de Salis*. Blutzer variés. 5 p. Bill. TB.

222 **Lausanne**. *Evêché*. Deniers. Jean de Prangins; Georges de Saluces; Aimon de Montfaucon. Bill. 7 p. B. et TB.

223 **Lucerne**. Buste à dr. de St Leodegarius. 1623. Dicken. Arg. B.

224 Canton, république et ville de Lucerne. Bill. 39 p. variées. TB.

225 **Neuchatel**. *H. de Longueville. Frédéric Guillaume II* et *III*. Bill. 27 p. variées. TB.

226 **Berthier**. 1 batz, 1806, 1807, 1808, 1809; 1/2 batz, 1807 (3 variétés) et 1808; 1 kreuzer, 1807, 1808. Bill. 10 p. TB.

227 **Saint Gall**. *Canton*. 5, 1, 1/2 batz; 6, 1, 1/2 kreuzer; 2, 1 pfennig. Bill. 16 p. TB.

228 *La Ville*. Divisionnaires diverses. Bill. 11 p. TB.

229 *Abbaye*. Beda de Hagenwyl. 1/4 d'écu, 1776. Arg. 20 kreuzer, 1774, 1780; 1 kreuzer, sans date. Bill. Ens. 4 p. B. et TB.

230 **Schaffouse**. Dicken de 1633. Arg. TB.

231 Divisionnaires diverses. Bill. 8 p. B. et TB.

232 **Schwytz**. Schilling; 2/3 batz; 2, 1 rappen; angster. Bill. et cuivre. 34 p. En général TB.

233 **Sion**. Lot intéressant de monnaies des évêques. Arg. et Bill. 34 p. B. et TB.

234 **Soleure**. 1785. 10 batzen. Arg. Très beau.

235 10, 5, 2 1/2, 1, 1/2 batz; 1, 1/2 kreuzer; 1 rappen; fünfer. Bill. et Arg. 30 p. B. et TB.

236 **Tessin**. 1/4 franc; 3 soldi; 6, 3 deniers. Bill. 10 p. TB.

237 **Thurgovie**. 1, 1/2 batz; 1, 1/2 kreuzer, Bill. 5 p. TB.

238 **Unterwald**. *Nidwald*. 5, 1 batz, 1811, *Obwald*. 1 batz, 1812; 1/2 batz, 1726. Bill. 5 p. B. et TB.

239 **Uri**. Division. diverses. Bill. 8 p. B. et TB. *Bellinzona*. Schilling. Ens. 9 p.

240 **Vaud**. 1811. Suisse deb. 20 batz. Arg. TB.

241 5, 1, 1/2 batz; 2 1/2, 1/2 rappen; 1 kreuzer. Bill. 19 p. TB.

242 **Zurich**. 1813. 40 batz. Ecu. Arg. Très beau.

243 10, 5, 1 schilling; 1, 1/2 batz; groschen; fünfer; 2, 1 rappen; 3 heller. Bill. 23 p. En général TB.

244 **Zofingen**. 1722. 1 kreuzer. Bill. Très beau. Rare.

245 **Zoug**. 1610. St Oswald. Dicken. Arg. TB.

246 Division. diverses. Bill. et cuivre. 17 p. B. et TB.
247 **Confédération helvétique**. 1850, 5 francs. Arg. FDC.
248 Divisionnaires diverses. Arg., Bill., Nickel, Cuivre, 34 p. B. et TB.
249 **Lot** intéressant de bractéates. Arg.

MONNAIES

DES PAYS BAS ESPAGNOLS

250. **Artois**. *Philippe II d'Espagne*. PHS. D : HISP Z. REX. C. ATREB. 15 (lion d'Arras à g.) 82. Buste à dr. ℟. DOMINVS. MIHI ADIVTOR. Ecu couronné (Dewisme n° 146). Demi écu daldre. Arg. B.
251 15 (rat à g.) 84. Demi écu daldre (D. 155). Arg. B.
252 15 (rat à g.) 86. Demi écu daldre (D. 172). Arg. TB.
253 15 (rat à dr.) 86. Demi écu daldre (D. 177). Arg. TB.
254 — Autre avec CO. ART et buste différent. Arg. TB.
255 (Rat à dr.) 1586. Demi écu daldre (D. —). Arg. TB.
256 (Rat à dr.) 86. Demi écu daldre (D. 181, légende variée et sans les armoiries du Portugal). Arg. B.
257 — Autre, également sans armoiries du Portugal ; la date fait la continuation de la légende. Demi écu daldre (D. 182 var.). Arg. TB.
258 8 (rat à dr.) 6. Demi écu daldre (D. —). Arg. TB.
259 — Autre, type varié. ℟. Armoiries avec l'écu du Portugal (D. —). Demi écu daldre. Arg. TB.
260 8 (rat à dr.) 7. Ecu daldre (D. 196). Arg. Très beau.
261 — Variété. Le buste du roi plus gros. Arg. TB.
262 — Autre. Les mots séparés par des croisettes. Arg. Très beau.
263 Mêmes types. Demi écu daldre (D. 197). Arg. Très beau.
264 15 (rat à dr.) 88. Demi écu daldre (D. 209). Arg. B.
265 15 (rat à g.) 89. Ecu daldre (215). Arg. TB.
266 – Variante avec HISP. Arg. TB.
267 — Autre variante avec HISP et COM. Arg. Très beau.
268 15 (rat à g.) 89. Demi écu daldre (D. 216). Arg. TB.
269 — Autre ; points entre les chiffres. Arg. TB.
270 — Variante avec HISP. Arg. TB.
271 8 (rat à g.) 9. Demi écu daldre (D. 216 var.). Arg. TB.

272 PHS. D. G. HISP. Z. REX CO ART. Date illisible. La légende n'entoure pas complètement le buste. Demi écu daldre (D. —). Arg. B.

273 **Brabant**. *Charles V*. Buste à dr. ℟. Ecu. Anvers (De Witte 667). Florin. Arg. TB.

274 Autre buste. Anvers (de W. 669). Nouveau florin. Arg. B.

275 *Philippe II*. PHS. D. G. HISP. ANG. Z. REX DVX. BRAB. 1557. Buste à g. Anvers (de W. 710. Heiss. 170. 37). Ecu daldre. Arg. TB.

276 Même lég. sans le titre de roi d'Angleterre. Buste à g. Ecu daldre, Anvers, 1572 (de W. 713). Arg. TB.

277 — Autre, Anvers, 1574. Arg. TB.

278 — Autre, Anvers, 1575. Arg. B.

279 Anvers, 1562 (de W. 719). Demi daldre. Arg. B.

280 — Mêmes types, 1571. Arg. B.

281 — La date au-dessus de la tête. (de W. 720). Arg. B.

282 15 (main) 76. Derrière le buste : un B. (de W. 718). Ecu daldre frappé à Bruxelles avec les coins anversois. Arg. TB. Rare.

283 PHS. D : G HISP. Z REX. DVX. BRA. 15 (main) 76. Buste à g., derrière B., initiale de Bruxelles. Demi écu daldre. Arg. TB. Rarissime. *Pl. II.*

« A Bruxelles, du 24 Octobre 1576 au 25 Janvier 1577, on forgea aussi 4588 demi-daldres Philippus avec un B dans le champ. Ces monnaies sont à retrouver ». De Witte, p. 254.

284 Ecu patagon, Anvers, 1567 (de W. 736). Arg. TB.

284 *bis* — Autre, Anvers, 1568. Arg. TB.

285 Ecu patagon, Maestricht, 1569 (de W. 737). Arg. TB. Rare.

286 15 (main) 80. (de W. 789). Demi écu daldre. Arg. TB.

287 15 (main) 86. Buste à g. ℟. Armoiries avec l'écu de Portugal (de W. 833). Ecu daldre. Arg. TB.

288 — Autre, Anvers, 1587. Arg. TB.

289 — Autre, Anvers, 1588. Arg. TB.

290 — Autre, Anvers, 1589. Arg. B.

291 Demi écu daldre (de W. 834). Mêmes types. Anvers, 1588. Arg. TB.

292 Demi écu daldre de Maestricht, 1564 (de W. 721), contremarqué d'un Y couronné. Arg. B. Rare. *Pl. II.*

293 **Flandre**. *Philippe II*. Buste à dr.. 1576 (Heiss. 174. 97). Ecu daldre. Arg. TB.

294 Variété. Même date. Le buste est à g. (Manque à Heiss). Arg. TB. Rare.

295 Demi écu daldre, 1587. Arg. TB.

296 **Gueldre**. *Philippe II*. PHS D G HISP ANG Z REX DVX GEL 1557. Buste à g. Ecu daldre. Arg. TB.

297 PHILIPPVS. D. G. HISP REX. DVX. GELR. 1561. Buste à g. Ecu daldre. Arg. TB.

298 Même type, 1564. Demi écu daldre. Arg. TB.

299 Ecu patagon, 1567. Arg. B.

300 **Hollande**. *Philippe II*. Ecu daldre, 1562. Arg. TB.

301 Ecu patagon, 1567. Arg. B.

302 **Tournai**. *Philippe II*. Buste à dr., 1581. Demi écu daldre. Arg. TB.

303 Buste à g., 1582. Demi écu daldre. Arg. TB.

304 Buste à g., 1587. Ecu daldre. Arg. TB.

JETONS

305 **Jetons Royaux**. *Office de l'Écurie du Roi*. COVTES POVR LE ROY. Cheval sellé et bridé à dr. ℟. Rateau accosté de deux lis. (R. H. fig. 41). Cuivre. B.

306 Buste couronné de face. ℟. Rateau entouré de trois lis. Cuivre. B.

307 *Chambre des comptes*. François I. CAMERA COMPVTORVM REGIORVM. Ecu de France accosté de 2 F. ℟. SIT NOMEN, etc. Croix cantonnée de 2 L et de 2 bouquetins. Cuivre TB.

Le revers de ce jeton appartient à Léonor d'Orléans, duc de Longueville.

308 Henri III, 1588. *Ch. aux deniers*, 1672, 1695, 1710, 1744. *Parties casuelles*, 1747. Cuivre. 6 p. TB.

309 *Trésor Royal*, 1730, 1738, 1757. Arg. 3 p. TB.

310 *Extraordinaire des guerres*, 1761, 1763, 1770. Arg. 3 p. TB.

311 *Ordinaire des guerres*, 1741. Porc-épic. Cuivre. FDC.

312 *Marine*, 1712, 1716. *Galères*, 1691. *L. Alex. et L. Aug. de Bourbon*. Cuivre. 4 p. TB.

313 *Ordre de St Jean de Latran*. Buste de Louis XV à dr. ℟. LES CHEVALIERS COMTES DE S[T] JEAN DE LATRAN. Insigne couronné. Arg. B. Très rare.

314 *Artillerie* et *Génie*. Tête de Louis XVI à dr. ℟. Minerve assise à g. Arg. TB.

315 *Artillerie.* ARTILLERIE DE FRANCE. Ecu de la Porte de la Meilleraie. ℟. REGIT VNVS VTRVMQVE. 1634. Aigle, foudre, canon. Arg. TB. Très rare.

316 1702. Buste du duc du Maine à dr. ℟. Dragon gardant la Toison. Arg. B. TB.

Allusion à la guerre de succession d'Espagne.

317 — 1704. Buste du même. ℟. Redoute. Cuivre. FDC.

318 — 1707. Même buste. ℟. Foudre. Arg. TB.

319 — 1712. Deux canons. Arg. TB.

320 1728. Buste de Louis XV. Armes. Arg. TB.

321 1736. Jupiter et l'aigle. Arg. TB.

322 1743. La Foudre. Arg. TB.

323 1749. Au-dessus du globe, aigle tenant un rameau d'olivier. Arg. TB.

Allusion à la paix d'Aix-la-Chapelle.

324 1753. Foudre sur un autel. Arg. FDC.

325 **Personnages.** *Marie de Brabant* (2e femme de Philippe le Hardi) Ecu mi-parti. ℟. Châtel (Rouyer 204). Cuivre. B. Rare.

326 *Jeanne de Bourgogne* (femme de Philippe VI). Ecu mi-parti dans une rosace. ℟. Croix coupant un cercle (Rouyer 264). Cuivre. B. Rare.

327 *Louise de Savoie.* Ecu. ℟. L ailé. Cuivre. B. Rare.

328 *Langheac et Polignac.* Ecu d'or à 3 pals de vair. ℟. Ecu fascé d'argent et de gueules. Cuivre. B. Rare.

329 *Renée de France*, *Jean de Bourbon*, *Marie d'Albret*, etc. Lot intéressant de 8 p. Cuivre.

330 *Michel Tambonneau*, présid. de la Ch. des Comptes, 1634. Cuivre. TB.

331 *Ant. d'Effiat*, maréchal de France, 1632. Cuivre. TB.

332 **Paris.** *Claude Bosc*, 3e et 4e Prévotés, 1698, 1700. *Turgot*, 1740, *de Bernage*, 1746. Arg. 4 p. B. et TB.

333 *Camus de Pontcarre*, 1758, 1763. *Bignon*, 1767, 1771. Arg. 4 p. TB.

334 *Commissaires du Châtelet.* Girard, 1772. Arg. TB.

335 *Apothicaires Épiciers*, 1710. Arg. TB.

336 **Anjou.** *Charles I ou II* (Planchenaut 74). *Charles III de Duras* (R. H. fig. 84). *Angers.* Ch. des comptes. — Autre. Clef et lis. Cuivre. 4 p. B.

337 **Baugé**. *Notaires*. Buste de la France à g. Arg. TB.

338 **Bernay**. *Notaires*. Buste de Charles X à g. ℟. La Justice deb. (B. 43). Oct. Arg. TB. Très rare.

339 **Bourgogne**. *Etats*, 1737. Aigle et aiglon. Arg. TB.

340 — 1755. Buste de Louis XV. ℟. Ecu. Arg. TB.

341 — 1758. Mêmes types variés. Arg. TB.

342 — 1770. Tête du roi. ℟. Ecu. Arg. TB.

343 *Beaune*. Méreaux du Chapitre de N.-D. marqués XIIII, X et VI. Cuivre. 3 p. B.

344 *Dijon*. Louis Moussier, vicomte Mayeur, 1787. Arg. TB.

345 Le Marlet, 1540, 1578. Martin, 1557. Tisserand, 1569. Des Barres, 1575. Petit, 1580. Bouhier, 1584. Cuivre. 7 p.

346 De Loisie, 1607. Humbert, 1612. Joly, 1616. Venot, 1620. Tisserand, 1624, 1635. De Frasans, 1627, 1632. Mongey, 1649, Millotet, 1651, 1654. Monin, 1678. Baudinot, 1680. Jannon, 1693. Baudot, 1691. Cuivre. 15 p. B et TB.

347 Marlot, 1751, 1754. Burteur, 1733, 1736, 1739, 1742, 1745, 1748. Rousselot, 1763, 1766, 1769. Raviot, 1772, 1775, 1778, 1781. Cuivre. 15 p. TB.

348 **Château-Thierry**. *Notaires*. Armes royales, 1806. ℟. Gnomon, dessous ANNÉE 1822 (B. 87). Oct. Arg. TB. Très rare.

349 **Languedoc**. *Etats*, 1737. OPTATA NVNTIA PACIS. Iris sur un arc-en-ciel. Arg. TB.

Allusion aux préliminaires de la paix de Vienne terminant la guerre de succession de Pologne.

350 — 1741. Buste de Louis XV. ℟. Ecu. Arg. TB.

351 — 1769. Mêmes types. Arg. TB.

352 — 1780. Buste de Louis XVI. ℟. Ecu. Arg. TB.

353 **La Réole**. *Notaires*. Tête de Charles X par Dubois (B. 170). Oct. Arg. TB. Très rare.

354 **Lyon**. *Arquebuse*. Ecu de la ville. ℟. ET JOCIS ET BELLO. Arquebuses et fanion en faisceau. Arg. FDC.

355 **Moulins**. *Cadier de Veauce*, 1766. Arg. TB.

356 *Bardonnet*, maire de 1777 à 1780. Arg. FDC.

357 **Nantes**. *Moricaud*, 1738. *Gellée de Prémion*, 1754, 1756, 1776, 1780-81. *La Pervanchère*, 1787-88. Arg. 6 p. TB.

358 **Orléans**. Hudault, maire, 1774. Arg. FDC.

359 *Notaires*. Tête de Louis XVI avec le catogan, signée DV VIV. ℟. LEX EST UBICUNQUE NOTAMUS. Ecu de France (B. 271). Arg. TB.

360 **Sceaux**. *Grandes nuits*. Louise Benedite de Bourbon, dict. perpét. de l'ordre de la Mouche à miel. 1714. Cuivre. TB.

361 **Savoie**. Types variés avec FERT, écu sous un cimier. Cuivre. 4 p.

362 **Tournai**. Ecu. ℟. Tour accostée de deux lis et de deux couronnes (Voir Bulletin de Serrure 1896, p. 69). Cuivre. B.

363 **Tours**. *Preuilly*, maire, 1755. Arg. TB.

364 *Cormier*, maire, 1764. Arg. TB.

365 **Lot** de Méreaux de *Cambrai, Arras, Valenciennes, St Omer*. Cuivre. 11 p.

E. BOURGEY, Expert, 7, rue Drouot, Paris

Imp. Le Deley, Paris

E. BOURGEY, Expert, 7, rue Drouot, Paris

Imp., Le Deley, Paris

NUMISMATIQUE — ARCHÉOLOGIE
ART ANCIEN

ÉTIENNE BOURGEY

7, Rue Drouot (Tél. : Central 74-64)

PARIS

Achat au comptant, et quelle qu'en soit l'importance, de trouvailles et collections de monnaies anciennes, jetons, médailles, etc.

Achat et vente d'antiquités romaines, gallo-romaines, grecques et égyptiennes, bronzes, statuettes, bijoux, etc.

MM. les amateurs auront intérêt, avant de se défaire de leur collection, à la présenter à M. Étienne Bourgey, qui fera toujours son possible pour donner un prix supérieur au prix déjà offert par les autres acheteurs.

Rédaction de catalogues, direction de ventes publiques, expertises.

IMPRIMERIE C. CHAUFOUR
6-8, RUE MILTON, PARIS

www.ingramcontent.com/pod-product-compliance
Ingram Content Group UK Ltd.
Pitfield, Milton Keynes, MK11 3LW, UK
UKHW021040260726
13994UKWH00005B/2268